AF253757

DU
SUFFRAGE UNIVERSEL

ET DE

SON INFLUENCE SUR L'AVENIR DE LA FRANCE

PAR

ERNEST BOTTARD

ANCIEN ÉLÈVE DE L'ÉCOLE POLYTECHNIQUE

CHATEAUROUX

IMPRIMERIE, LITHOGRAPHIE ET STÉRÉOTYPIE A. MAJESTÉ

2, RUE DU TRIPOT, 2

—

1883

DU
SUFFRAGE UNIVERSEL

ET DE
SON INFLUENCE SUR L'AVENIR DE LA FRANCE

Un jour, Dieu, sans être dans une de ces saintes colères dont nous parlent les livres sacrés, était cependant de mauvaise humeur. Quelques planètes, quelques soleils qu'il s'était donné la peine de façonner et sur lesquels sa pensée s'était arrêtée quelques instants, avaient probablement mal répondu à la peine qu'il s'était donnée. Peut-être mécontent de son ouvrage, après les avoir brisés, songeait-il à les reconstruire sur de nouvelles bases, toujours est-il qu'il était soucieux. Quand on est seul, unique de son espèce, tout-puissant, que faire en effet au milieu de l'immensité à moins que l'on ne crée. Pour tout être intelligent, créer est, sans contredit, la plus grande, la plus pure de toutes les jouissances. Demandez aux peintres, aux sculpteurs, aux musiciens, aux architectes, aux écrivains qui, après des efforts inouïs, arrivent à enfanter ce que nous autres, pauvres mortels, ap-

pelons orgueilleusement des chefs-d'œuvre, demandez-
leur s'ils n'éprouvent pas une de ces joies immenses qui
élèvent, qui transportent, pour ainsi dire, leur esprit vers
les sphères éthérées et le mettent, pour un instant du
moins, en rapport avec l'Être divin. C'est de cet Être par
excellence qu'émane le rayon lumineux, l'étincelle qui
resplendit sur leurs fronts et qui force leurs semblables
à s'incliner devant eux.

L'homme crée comme Dieu, c'est pour lui le suprême
bonheur, bonheur qui laisse bien loin derrière lui les
plaisirs de l'amour idéal et les voluptés de l'amour char-
nel. Vous voyez, ami lecteur, que nous faisons comme
le poète, nous distinguons. Au fond cependant ces deux
amours sont-elles bien différentes ? Les sceptiques, les
mauvaises langues disent non, ils prétendent qu'elles
marchent toujours de concert et qu'elles finissent par
tellement s'enchevêtrer qu'il devient bien difficile de les
séparer l'une de l'autre. Ont-ils raison ? Peut-être. Dans
tous les cas, comme disent les journalistes, quand ils
reproduisent une nouvelle de leurs collègues, laissons-
leur la responsabilité de leur opinion.

La jouissance de créer est-elle d'autant plus grande
qu'il faut dépenser plus d'efforts, plus de travail pour arriver au but que l'on s'est proposé. Oui, c'est du moins
notre avis. Aussi Dieu lui-même a-t-il voulu limiter
dans certains cas sa toute-puissance par des lois éternelles qu'il s'est volontairement astreint à respecter,
lors même qu'elles viendraient quelquefois lui susciter
des difficultés dans l'accomplissement des projets qu'il
a conçus. Il a été plus loin : il a donné à quelques-unes
de ses créatures, aux anges, à l'homme lui-même, le libre

arbitre, c'est-à-dire la liberté de l'insulter ou de le bénir, sauf à punir dans le premier cas, à récompenser dans le second. Lucifer et les anges rebelles sont, les premiers, entrés dans la mauvaise voie ; l'homme, à peine créé, n'a pas tardé à les suivre. Sous notre bonne République, en l'an de grâce 1883, il y a même progrès ; pour être plus à l'aise, nos libres penseurs refusent même de reconnaître l'existence de l'Être divin. Le suffrage universel l'a déclaré par l'organe de ses élus, conseillers municipaux et autres : il n'y a pas de Dieu. Était-ce pour le faire arriver à de pareilles conclusions que le Tout-Puissant a donné à l'homme l'intelligence et le libre arbitre ? C'est au moins douteux. Doit-il en être satisfait ? C'est peu probable. D'après cela, vous voyez donc que l'Éternel peut éprouver lui-même quelques instants de contrariété. C'est tout ce que nous voulions vous prou= ver.

Au moment même où le Seigneur se trouvait dans ces mauvaises dispositions, l'archange Michel, le protecteur de notre France bien-aimée, se présentait devant son souverain. Vous dire l'adorable beauté, la divine prestance de notre puissant patron est par trop difficile ; nous y renonçons, nous aimons mieux vous renvoyer au tableau du plus grand de tous les artistes. Le peintre nous montre le messager céleste écrasant sous ses pieds et menaçant de sa lance le pauvre Lucifer tout honteux de tomber sous les coups d'un ange qui naguère dans les cieux marchait bien loin derrière lui. Le diable est fort laid, c'est incontestable, mais son vainqueur répond-il bien à l'idéal que vous avez rêvé. C'est à vous de décider. Avant de juger cependant, rappelez-vous que vous êtes devant un chef-d'œuvre, chef-d'œuvre que l'on a eu dernièrement l'idée de restaurer, c'est-à-dire d'abîmer.

— Sois le bien-venu, Michel, dit le Seigneur répondant à la profonde salutation de son fidèle serviteur. Tu viens encore, j'en suis sûr, nous parler de la France, de ton pays de prédilection. Voyons, mon bien-aimé, pourquoi avoir accepté le protectorat d'une nation où les plus sots, les plus ignorants commandent aux plus intelligents? Sais-tu que ta place n'est pas une sinécure et, malgré toute ma bonne volonté à ton égard, je ne veux plus entendre tes sollicitations en faveur de ce malheureux pays.

— Oh ! oui, bien malheureux, soupira notre patron.

Après avoir contemplé la profonde tristesse qui régnait sur le visage de l'archange, Dieu se sentit touché, la bonté, la clémence l'emportèrent enfin sur sa justice. — Eh bien ! parle, reprit-il ; il ne sera pas dit que j'ai refusé de t'entendre. Que veux-tu ?

— Aide et protection pour la France.

— J'ai déjà trop fait pour elle.

— Votre bonté est infinie.

— Oui, à la condition toutefois qu'elle ne se trouve pas en désaccord avec ma justice.

— Vous serez béni.

— Elles sont jolies les bénédictions de tes protégés ! Ils nient mon existence et me chassent des écoles.

— Ils se repentiront.

— C'est leur affaire. Comme à vous, créatures célestes, j'ai donné à l'homme le libre arbitre, il peut faire le bien ou le mal, j'ai juré de lui laisser à cet égard la liberté la plus complète.

— Mais au milieu des coupables il y a, mon doux Seigneur, de bons et d'honnêtes gens.

— C'est vrai.

— Eh bien, faites quelque chose et pour eux et pour moi, votre humble serviteur.

— Écoute, mon bon Michel, j'ai pour toi la plus grande affection, te refuser complètement me serait pénible. Sur la volonté des humains, je viens de te le dire, je ne puis rien, cependant je dispose des événements, et ces événements me servent le plus souvent à donner aux peuples des avertissements salutaires. Va donc sur les lieux mêmes, observe, écoute, et, à ton retour, je modifierai ces événements suivant tes désirs.

Un éclair de bonheur illumina le visage de l'archange.

— Prends garde cependant, ajouta l'Éternel, tu peux te tromper.

Trois choses doivent avoir sur l'avenir de la France une importance capitale : le suffrage universel, le gouvernement républicain, l'intelligence et la fermeté plus ou moins grande des honnêtes gens. Tu vas te trouver au milieu d'un chaos où il est bien difficile de se reconnaître, Satan ne l'a pas créé, mais il travaille en ce moment à le rendre inextricable, il se croit sûr du triomphe, défie-toi.

— Pauvre Lucifer, comme il doit souffrir pour en être arrivé à accomplir une pareille besogne.

— Oui, il souffre comme il le mérite, ses souffrances toutefois ne seront pas éternelles, il sera pardonné.

— Quand ?

— La première fois qu'il fera une bonne action.

Quelques secondes après, Michel, transformé en bon bourgeois, se promenait sur les boulevards de Paris, il était perplexe et, avant de rien décider, il voulait étudier par lui-même et les hommes et les choses. Il n'était pas infaillible comme le Tout-Puissant, il pouvait se tromper et de sa décision dépendait le bonheur de sa France bien-aimée.

Jamais, en effet, étude n'avait été plus nécessaire. La situation était étrange. La France possédait des ressources financières pour ainsi dire inépuisables, ses armées étaient braves et nombreuses, elle avait dans les sciences, les arts, les lettres, des illustrations que lui enviaient toutes les puissances étrangère et cependant tous les ressorts de cette nation si heureusement douée semblaient brisés. Ell se débattait péniblement, elle sentait tous ses efforts, toutes ses nobles aspirations paralysés par un mal inconnu. Elle était, en un mot, dans le cas de l'homme fort et bien portant qui, dans un rêve affreux, dans un cauchemar, cherche en vain à briser les liens imaginaires qui l'enlacent, qui l'étreignent. Autour d'elle, tout était trouble, confusion, incertitude, défiance, faiblesse et néanmoins elle sentait qu'elle n'avait qu'à vouloir pour redevenir elle-même. Quel était donc ce mal inconnu qui la rongeait ? Redoutable problème que Michel devait résoudre avant tout pour venir en aide à sa protégée.

La cause de ce malaise général devait-elle être attribuée aux hommes qui gouvernaient ou aux institutions elles-mêmes? Pour élucider la question, le meilleur moyen est de laisser parler les faits.

Les hommes du 4 septembre, en renversant le gouvernement impérial au moment même où l'ennemi victorieux s'avançait sous les murs de Paris, commirent un crime de lèse-nation, ce crime est enregistré dans l'histoire, nous l'avons dit et redit. Aveuglés, d'un côté, par leurs passions politiques ; d'un autre, poussés par l'amour des places et des honneurs, ils acceptèrent hautement la responsabilité de leur acte et proclamèrent la République. Ils annoncèrent qu'avec eux commençait une nouvelle ère de prospérité, ils promirent la liberté, l'ordre, l'économie, le respect des personnes et des droits individuels. Étaient-ils de bonne foi quand ils déroulaient devant les populations attentives leur magnifique programme ? Quant à nous, et sans hésitation aucune, nous nous prononçons pour la plus complète affirmative. N'ayant, pour la plupart du moins, occupé aucune fonction, aucune position importante, ils ignoraient absolument l'art si difficile de gouverner. Dans leur inexpérience des hommes et des choses, ils ne doutaient de rien et s'imaginaient naïvement que vouloir c'est pouvoir. Nous savons fort bien que ce principe est énoncé et même chanté pendant plus d'un quart d'heure dans un duo célèbre de l'*Étoile du Nord*, mais les deux personnages qui se lancent à la tête ces paroles à effet sont le czar Pierre le Grand et Catherine, la future impératrice de Russie. Quelle que soit la bonne opinion que nos gouvernants républicains puissent avoir et de leurs talents et de leurs personnes, ils admettront probablement très volontiers avec nous qu'ils ne sont pas tout à fait à la hauteur des deux souverains dont nous venons de parler.

Exécuter ce que l'on a conçu n'est donné qu'à un petit nombre d'élus et l'on ne peut faire partie de ces élus qu'à la condition d'avoir étudié, d'avoir travaillé. C'est précisément cette étude, ce travail, qui a manqué et qui manque encore à la plupart de nos administrateurs actuels.

Cependant parmi les hommes du 4 septembre, parmi ceux surtout qui se rallièrent à eux après la victoire, il y en avait quelques-uns qui possédaient les qualités dont nous venons de parler. Ils prirent la direction des affaires et la République, quoi qu'on en dise, malgré les difficultés qu'elle eut à surmonter à ses débuts, malgré les fautes commises, ne fit pas trop mauvaise figure. Sous les présidences de M. Thiers et du maréchal Mac-Mahon, les hommes modérés, animés des meilleures intentions, s'appuyant d'un côté sur la grande personnalité des chefs du pouvoir exécutif et de l'autre sur les anciens fonctionnaires qui étaient encore nombreux, maintinrent non seulement l'ordre et la tranquillité, mais encore la liberté et un état de choses sinon parfait du moins satisfaisant. Le centre gauche, soutenu par la petite bourgeoisie, était alors tout-puissant ; les droites, trop divisées entre elles, ne pouvaient rien tenter contre la République ; il n'avait devant lui, comme adversaires, que les gauches avancées et l'extrême gauche. Pour conserver son influence prépondérante et directrice, que devait-il faire ? Sa ligne de conduite était toute tracée : donner la main à la partie modérée des droites et se serrer autour du chef de l'État. Par cette tactique habile, il se donnait un contre-poids, ou plutôt il opposait une barrière infranchissable aux opportunistes, aux intransigeants, aux socialistes. Dans cette lutte dont il devait, à coup sûr, sortir vainqueur, il avait derrière lui la partie saine de la nation, il ralliait à son drapeau les indécis, les trembleurs, les indifférents, c'est-à-dire une majorité immense.

Cette politique qui devait assurer et le maintien de la République et le bonheur de la nation, il ne voulut pas ou ne sut pas la comprendre. Il se jeta dans les bras de la gauche. Peu de temps après, étouffé sous les places et les honneurs, il fut complètement annihilé. Alors commencèrent ces invalidations scandaleuses et inutiles qui, dans la suite, seront probablement invoquées par la réaction triomphante pour aller, en fait de représailles, peut-être encore plus loin. Le maréchal, réduit à l'impuissance, donne sa démission et avec lui disparaissent les dernières espérances caressées par les hommes de progrès. Le gâchis s'accentue : ministres, préfets, sous-préfets, juges de paix, percepteurs, gardes champêtres, etc., passent et repassent devant les yeux des populations ahuries avec une rapidité vertigineuse. Les fonctionnaires intelligents sont remplacées par des incapables, par des ignorants, qui bientôt eux-mêmes cèdent le pas à de plus incapables, à de plus ignorants. Malgré tout, la machine gouvernementale se tient debout. Les épurations continuent, on rappelle les communards, ils rentrent triomphants et sans manifester le moindre repentir, on supprime la liberté du père de famille, on chasse des écoles non pas la religion catholique, mais le sentiment religieux, on demande la suppression de l'inamovibilité de la magistrature, on attaque l'armée dans la personne de ses chefs les plus vénérés, et cependant le char de l'État roule encore.

Une guerre absurde est déclarée aux bourgeois, aux

patrons, à tous ceux qui possèdent, le divin collectivisme est proclamé, la gauche avancée est débordée, l'extrême gauche, avant même d'être arrivée au pouvoir, est insultée, ses représentants sont conspués par la vile multitude, comme disait M. Thiers. Les vols, les assassinats se commettent à Paris en plein jour, les gardiens de la paix sont obligés de livrer aux bandits, aux souteneurs de filles de véritables batailles rangées. Enfin, ô comble d'infamie ! on va même dans les clubs jusqu'à accuser la femme de l'avenir, cette pauvre Louise Michel, d'avoir aidé les sœurs de la Charité à parer les autels sacrés. Ah ! cette fois, la machine gouvernementale craque de toutes parts, un cri de détresse sort de toutes les poitrines, et les républicains les plus avancés se couvrent eux-mêmes la tête de cendre. Ils lèvent, non pas vers le ciel, puisqu'ils n'y croient pas, mais vers l'enfer, leurs bras suppliants et le gâchis est tellement complet que le diable lui-même refuse de leur venir en aide. Que de maladresses, que de fautes, que d'inepties épouvantables n'a-t-il pas fallu commettre pour arriver à d'aussi brillants résultats. Fausser les ressorts de cette machine gouvernementale si habilement, si savamment, si fortement organisée, c'était à peu près impossible, et cependant trois ans ont suffi. Tenez, mes bons radicaux, voulez-vous que nous vous fassions comprendre toutes les difficultés de l'entreprise dont vous êtes venus si lestement, si facilement à bout ?

Prenons un régiment commandé par un chef intelligent, travailleur expérimenté ; grâce à ses efforts constants, à l'impulsion habile qu'il a su imprimer à tous les éléments de cette grande famille, tout marche avec un ensemble, une régularité admirables. Il est remplacé par un homme nul, ignorant, paresseux, qui commet journellement sottises sur sottises ; officiers, sous-officiers, vieux soldats presque inconsciemment, sans le vouloir, malgré eux pour ainsi dire, réparent à chaque instant les fautes de cet incapable. Il gouverne pendant cinq ans, six ans, puis s'éloigne, et c'est à peine si quelques anneaux de cette chaîne si bien organisée ont été ébranlés et disjoints.

Vous, vous vous êtes attaqués, tout d'abord, aux fonctionnaires supérieurs de toutes les administrations, vous les avez remplacés par des créatures sans savoir, sans expérience. Comme le régiment dont nous venons de parler, ces administrations ont continué à marcher en vertu de l'impulsion acquise et grâce surtout aux efforts des petits employés, mais quand ceux-ci ont été chassés jusqu'au dernier, tous les anneaux de la chaîne se sont brisés en même temps, et la vie de ce grand corps que l'on nomme l'État menace en ce moment de s'éteindre. Ah ! la belle besogne que vous avez fait là, la France un jour vous bénira.

L'archange Michel avait fait depuis longtemps les réflexions que nous venons d'indiquer. Toutefois il n'avait pas encore parfaitement compris que, par suite de circonstances extraordinaires, exceptionnelles si l'on aime mieux, il était presque impossible à la France de sortir de cet état d'affaissement, d'hébétement, d'idiotisme. Elle se trouvait condamnée, pour ainsi dire, à s'épuiser en vains efforts et finalement à mourir. Il se promenait, écoutant les uns les autres, interrogeant même au besoin. Triste, tout songeur, il sentait vaguement que son peuple de

prédilection courait en ce moment les plus graves dan-
gers.

Il fut alors accosté par un homme jeune encore, d'une
taille élégante, à la tournure leste et dégagée, à l'air intelligent. Un sourire sarcastique, des yeux noirs et étin-
celants donnaient à sa physionomie quelque chose
d'étrange et de méphistophélique. Des rubans multico-
lores ornaient sa boutonnière et annonçaient d'ailleurs
un personnage important.

Eh quel heureux hasard ! cher ami, s'écria l'inconnu
en prenant familièrement la main du bon Michel. Puis
après l'avoir envisagé : Ah ! pardon, dit-il, je me trompe,
et il fit un mouvement pour se retirer. Enfin se ravi-
sant : Eh bien ! non, je suis comme Louis XIV, je ne
veux pas m'être trompé. Vous êtes étranger, n'est-ce
pas ?

— Oui.

— Puis-je vous être utile à quelque chose? j'ai quelque crédit.

— Vous êtes trop aimable.

— Dame, vous avez pris la figure d'un de mes anciens
camarades et je me sens tout disposé à vous traiter
comme tel.

L'archange, après avoir regardé attentivement l'inconnu, tressaillit.

— Voyons, continua l'interlocuteur, est-ce dit? voulez-
vous venir me voir? nous causerons, nous ferons con-
naissance.

— Ma foi, votre entrain, votre bonne humeur me char-
ment ; j'accepte.

— C'est donc convenu, je serai chez moi, rue de Rivoli,

de 8 à 10 heures du soir et à votre entière disposition. Voici ma carte et mon adresse.

— Bien, merci, j'irai.

Là-dessus, les deux nouveaux amis se séparèrent.

Il était six heures, Michel avait deux grandes heures devant lui. Que faire ? En sa qualité d'immortel, il ne pouvait décemment, pour passer le temps, aller s'asseoir à ces tables de restaurant où un garçon frisé, pommadé, vous sert des mets encore plus pommadés que lui, et des liquides extraordinaires qui n'ont rien de commun avec le nectar et l'ambroisie. Paris était alors émaillé de clubs où les citoyens qui se croyaient tout aussi forts que les hommes d'État et qui n'avaient pas tout à fait tort, discutaient les affaires publiques avec une désinvolture sans pareille. L'un de ces clubs se trouvait précisément devant lui ; il entra.

La séance était déjà commencée : le président, les vice-présidents, les secrétaires venaient d'être nommés. L'opération ne s'était pas faite sans difficultés, la lutte avait même été vive. On emportait quelques citoyens plus ou moins détériorés. Des côtes enfoncées, des yeux pochés, des nez plus ou moins incomplets témoignaient de la part active que leurs propriétaires avaient prise à la bataille. L'assemblée était houleuse, on riait, on criait, on s'injuriait, on mangeait surtout, car bon nombre de spectateurs avaient emporté avec eux leur repas, pensant, non sans raison, qu'il vaut mieux écouter la bouche pleine que le ventre creux. César avait fait dix choses à la fois, ils pouvaient bien en faire deux. Une forte odeur d'ail, de cervelas, de petit bleu régnait dans toute la salle, la fumée des pipes, des cigares, s'élevait en longues spirales jusqu'au plafond, tout ce monde vivait dans cette atmosphère comme un poisson dans l'eau. En entrant cependant on était pris à la gorge, il fallait quelques instants pour s'y habituer.

La tribune était occupée en ce moment par un jeune ouvrier, à l'air gai et ouvert ; il s'énonçait avec facilité et avait entamé la fameuse question sociale ; il parlait de ses sueurs que buvaient ces gredins de bourgeois et de patrons. Il y allait de tout cœur et avec la plus entière bonne foi. Il était du nombre de ces braves gens travaillant dur et ferme quand ils sont à l'ouvrage, mais qui, pleins de sève et d'avenir, dépensent largement, s'amusent volontiers le dimanche, et oublient souvent que le lundi et le mardi ne sont pas jours de fête. Il croyait qu'il suffisait d'ouvrir la bouche pour y voir tomber les alouettes toutes rôties, et quand il s'apercevait à la fin de la semaine que sa bourse était vide, il s'en prenait à tout le monde, aux gouvernants et aux patrons. Il ne se doutait pas, hélas ! que ces patrons ou que leurs pères avaient commencé comme lui, avec leurs deux bras pour toute fortune, économisant sou par sou, transmettant à leurs enfants leur petit pécule qui finissait, à force de privations, par faire boule de neige et par assurer aux possesseurs une honnête aisance.

Il avait 26 ans, il gagnait de 6 à 8 fr. par jour, c'est-à-dire à peu près autant qu'un officier après 20 ans de services, ce qui ne l'empêchait pas de crier misère et de vouloir écharper tous les bourgeois. Bref, plus il se lançait dans le divin collectivisme, plus il déraisonnait, plus il était applaudi, et quand il quitta la tribune on lui fit une véritable ovation.

Un homme de 40 à 50 ans, de haute taille, à la figure énergique, aux muscles puissants, lui succéda. Il commença par déclarer qu'il avait été patron, qu'il avait débuté avec une somme de vingt mille francs laissée par ses parents, qu'il employait 4 ou 5 ouvriers, et que ces ouvriers, par leurs exigences, l'avaient complètement ruiné. Ils ont bu, ces gredins, ajouta-t-il, mes sueurs, je les payais de 5 à 6 francs par jour et moi, après avoir travaillé depuis le matin jusqu'au soir et une partie de la nuit, il ne me restait, tous frais déduits, non seulement aucun bénéfice, mais des pertes considérables.

— Il fallait fermer boutique ! cria une voix.

— On a son amour-propre, répliqua durement le brave homme ; j'ai voulu rester patron, je me suis ruiné et je ne suis plus qu'un simple ouvrier.

— Eh bien ! buvez maintenant les sueurs de votre patron et tout sera dit, ajouta la même voix.

— Tas de gredins ! me laisserez-vous parler, me laisserez-vous mettre en évidence toutes les sottises, toutes les stupidités que ce blanc-bec qui m'a précédé vient de nous débiter ?

— Non, non, à bas le patron ! enlevez-le et que cela finisse ! rugit l'assemblée.

— Vous m'écouterez, dit l'orateur, et il appliqua sur la table un de ces maîtres coups de poing capable d'assommer un bœuf.

La table qui y était habituée résista. Le président, après avoir reproché à l'honorable préopinant son style peu parlementaire, voulut intervenir en sa faveur. Peine perdue, le vacarme devint assourdissant, des cris d'animaux, parfaitement imités d'ailleurs, partaient de tous les coins de la salle. L'orateur faisait bravement tête à ses adversaires, qui escaladaient la tribune ; au moment même où il allait leur lancer sa chaise à la tête, il fut tout à coup enveloppé d'une ceinture, bouclé et enlevé jusqu'au plafond à l'aide d'une poulie disposée à cet effet. Ce furent alors des cris de joie, des applaudissements frénétiques. Malheureusement la victime dans son ascension avait conservé sa chaise à la main. Jeté avec furie au milieu de l'assemblée, le projectile fit coup double, triple, quadruple. Les képis des gardiens de la paix apparurent à l'horizon, les farceurs qui tenaient la corde de la poulie s'éclipsèrent, le pendu retomba sur ses pieds, et, comme Antée, après avoir repris haleine, il se précipita au milieu de la bagarre ; la mêlée devint générale. L'escarmouche était sur le point de finir quand une femme d'un certain âge parut à la tribune ; son chapeau ébouriffé et légèrement placé sur l'oreille indiquait qu'elle avait eu, comme tout le monde, à souffrir de l'orage.

— Allons, bon, dit un voisin de l'archange, en voilà une qui va crier après tous les maris, demander toutes les libertés pour les femelles, envoyer dans l'autre monde patrons et bourgeois, leur laissant généreusement le choix entre le poignard, le poison et le pétrole. C'est une brave citoyenne, mais si elle était ma femme, je commencerais par l'étrangler, quitte à la pleurer après.

Hélas ! pensa Michel, tous ces gens-là sont fous, ils sont les plus nombreux, par suite maîtres des élections. Pauvre France ! Allons ailleurs. Et, en vertu de son pouvoir céleste, il se trouva dans une autre assemblée. Le milieu était beaucoup plus calme, les socialistes, les gau-

ches, le centre gauche, les droites y étaient représentés ;
au fond, les passions étaient les mêmes, on se détestait,
on se jalousait, mais on s'écoutait et le langage employé
était plus correct, plus convenable. Plusieurs orateurs
s'étaient succédés et avaient attaqué et défendu les institutions républicaines avec une ardeur et une âpreté qui
indiquaient un parti pris bien arrêté et le plus souvent
involontaire. En ce moment, un homme montait à la
tribune. Son allure décidée, sa figure, ses moustaches
grisonnantes, ses vêtements qui semblaient se bouton-
ner d'eux-mêmes, ne laissaient aucun doute sur sa personnalité. C'était un vieux soldat, une vieille culotte de
peau si vous voulez, mais une de ces vieilles culottes de
peau qui suent l'honnêteté, la loyauté. L'archange l'eut
à peine envisagé qu'il comprit que cet homme devait
aimer la France comme il l'aimait lui-même ; l'assemblée éprouva probablement le même sentiment, car elle
fit silence pour l'écouter.

— Messieurs, dit-il, la situation est des plus graves ; le
commerce, l'industrie, l'agriculture, les institutions, la
société elle-même sont plus ou moins menacés. Je n'exagère certes pas. En pareille circonstance, il est du devoir de tout honnête homme de mettre de côté ses préférences, de chercher la cause du mal qui nous tue et,
après l'avoir trouvée, de la faire disparaître s'il est possible. En m'exprimant ainsi, je ne trouverai, j'en suis
convaincu, aucun contradicteur parmi vous. L'opinion
publique est assez disposée, en ce moment, à faire re-
tomber la responsabilité tout entière de cet état de chose
sur l'incapacité de nos gouvernants. Est-ce là la vérité ?
Examinons. Dire que nos ministres sont des Louis XI,

des Richelieux, des Mazarins ; que nos sénateurs, que nos
députés, que l'on traite de sous-vétérinaires, sont des
aigles, qu'ils sont instruits, désintéressés, pleins d'abnégation et de dévouement pour la patrie, ce serait
certes difficile à soutenir et je me garderai bien de le
tenter. Cependant, parmi tous ces ministres qui ne font
que passer, il y avait, sans contredit, des hommes pleins
de bonnes intentions, ayant même des idées justes et
raisonnables, et tout disposés à les appliquer. Pourquoi
tous ces gens qui, dans d'autres temps, auraient pu faire
des gouvernants très suffisants, sont-ils restés dans
l'ombre, pourquoi ont-ils été emportés sans avoir rien
produit, pourquoi même ont-ils fait tout l'opposé de ce
qu'ils pensaient et de ce qu'ils avaient projeté ? C'est
qu'ils ont trouvé un obstacle contre lequel ils se sont
heurtés et qu'il leur a été impossible de franchir. Cet
obstacle, c'est le suffrage universel. Les plus honnêtes
ont donné franchement leur démission, les plus habiles
ont louvoyé, les moins consciencieux ont cédé à la pres-
sion exercée sur eux.

Les fonctionnaires, depuis le premier jusqu'au dernier, ont vu se dresser devant eux les mêmes difficultés,
et, pour eux comme pour leurs grands chefs, les conséquences ont été les mêmes. Qu'en est-il résulté ? C'est
que parmi les fonctionnaires, les ministres eux-mêmes,
il y a eu des tiraillements, des manières de voir et
même d'agir tout à fait différentes. Dans toutes les administrations on a vu se manifester un désarroi, un dé-
couragement, un dégoût même inexprimable.

Les députés sont nommés directement par le suffrage
universel, les ministres sont choisis par le président de

la République, toutefois ils ne peuvent exister qu'à la condition d'être soutenus dans les deux Chambres par une majorité plus ou moins compacte. Cette majorité fait-elle défaut, les ministres sont renversés. Quelle est donc, d'après cela, la première chose dont les membres d'un cabinet quelconque doivent s'occuper ? C'est évidemment de constituer cette majorité. Si, pour obtenir ce résultat qui est pour eux une question de vie ou de mort, il leur faut dépenser toute leur force, toute leur énergie, tout leur temps, il leur devient complètement impossible de s'occuper des affaires publiques, ils ne peuvent que gouverner à tort et à travers.

En présence des groupes, des sous-groupes aussi nombreux que les étoiles du firmament, groupes, sous-groupes qui composent nos malheureuses Chambres, on est épouvanté de l'habileté qu'il faut déployer, du travail qu'il faut accomplir pour arriver à réunir ce noyau indispensable à l'existence de tout gouvernement parlementaire. Ce résultat obtenu, nos hommes d'État peuvent-ils dormir tranquilles ? Hélas ! dès le lendemain, sur une question même secondaire, cette majorité, obtenue après tant d'efforts, s'émiette, se disperse, disparaît.

C'était vraiment bien la peine de modifier le programme que l'on s'était tracé, de s'aplatir devant des imbéciles, de mendier le suffrage de gens vains et incapables qui n'ont qu'une idée en tête : faire parler d'eux pour rester les élus de gens plus ineptes, plus incapables qu'eux-mêmes. Pour ne pas tomber, le ministre est obligé d'adopter les élucubrations du député, qui lui-même doit subir à son tour les caprices des quelques meneurs de sa localité qui font les élections. C'est encore à ce pauvre élu du suffrage universel qu'incombe la tâche de porter à la tribune les sottes conceptions, les projets fantastiques de ces politiciens de bas étage.

Ainsi le mouvement vient d'en bas, l'ignorant commande à l'homme instruit, la sottise fait la loi à l'intelligence, la force, comme a dit le Prussien, prime le droit. Dans tout ce que nous disons, il n'y a rien d'exagéré, tout est vrai. Les conséquences sont effrayantes.

Depuis le haut de l'échelle jusqu'aux plus bas échelons, il y a trouble, incertitude ; la confusion des idées est telle que les notions du juste, du non-juste, du devoir, de l'honnêteté, du dévouement à la patrie ne sont plus que des balivernes, des balançoires, des guitares, comme disent élégamment nos journaux avancés.

Autrefois, pour être député, il fallait avoir rendu quelques services au pays ; aujourd'hui il suffit de crier par-dessus les toits que l'on est républicain, et le Saint-Esprit descend sur la tête du candidat avec toutes ses langues et lui donne à l'instant même toutes les qualités requises.

Vous vous croyez en République, erreur : sans vous en douter, vous gémissez sous la monarchie, sous la tyrannie, Les opportunistes, les radicaux, les intransigeants, les socialistes, les collectivistes vous affirment que la République n'a pas encore existé et ils en tiennent chacun une à votre disposition.

Vous parlez de liberté, on vous demande de quelle liberté il est question, et vous apprenez avec étonnement qu'il en existe une multitude, toutes plus vraies les unes que les autres.

Vous êtes père de famille, vous voulez inculquer à vos enfants des sentiments religieux, votre droit est parfaitement reconnu, seulement on vous met dans l'impossibilité de l'exercer. On emploie tous les moyens permis et non permis pour fermer les écoles congréganistes et autres. Sous peine de renvoi immédiat ou de déplacement onéreux, tous les fonctionnaires, petits et grands, sont mis dans l'obligation d'envoyer leur progéniture mâle et femelle dans les établissements ouverts par l'État.

Un employé va-t-il à la messe, sans le menacer ouvertement on lui fait comprendre avec une douceur hypocrite que, dans son intérêt, il ferait bien de ne pas donner un exemple aussi pernicieux. Est-il membre d'une société ou d'un cercle réputé réactionnaire, on emploie les mêmes moyens pour le faire renoncer à des habitudes contractées depuis longtemps. Le malheureux, la mort dans l'âme, s'y résigne, car il a une femme et des enfants à nourrir. Ah ! morbleu ! vous leur faites payer cher à vos fonctionnaires le morceau de pain qui leur est donné. Eh bien ! mettez-vous la main sur la conscience, et dites-nous si c'est là ce qu'on appelle la liberté. Soyez athées si bon vous semble ; mais laissez aux autres le droit d'être catholiques, musulmans, juifs, boudhistes ou protestants. Laissez vos employés, surtout en matière religieuse, penser ce qu'ils voudront, vivre à leur guise, fréquenter qui bon leur semble, arrêtez-les lorsqu'ils se serviront ouvertement de l'influence inhérente à leurs fonctions pour attaquer le gouvernement qui les a nommés. C'est votre droit et votre devoir (Brochure 1874, *Loi électorale*).

Les ministres, les préfets, les sous-préfets, etc., aux-
quels il faut bien, malgré tout, reconnaître quelque intelligence, quelque bon sens, ont-ils, de leur propre volonté,
mis en pratique ces tracasseries mesquines, intolérables,
et dignes en tout point des inquisiteurs? Non, nous ne
craignons pas de l'affirmer, ils ne se décident à employer
ces moyens odieux que parce qu'il leur faut compter
avec le suffrage universel, c'est-à-dire avec quelques in-
dividualités malpropres, mal peignées, qui se sont nom-
mées elles-mêmes chefs de comités, directeurs, et qui im-
posent à nos malheureux ouvriers grèves sur grèves et
des votes extravagants.

Mais, nous dira-t-on, si les ouvriers se laissent diriger, il faut bien admettre que ces individus ont quelques
talents ? Et la bêtise humaine, qu'en faites-vous donc?
Quand un mouton passe un fossé, tous les autres le sui-
vent. Pourquoi? Ma foi, nous l'ignorons, le fait existe
cependant. Qu'en résulte-t-il? C'est que nos gouvernants,
effrayés eux-mêmes de la puissance occulte de ces politiciens de bas-étage, se croient obligés de jeter un gâteau
à ces Cerbères de nouvelle espèce, pour les calmer et
sauver, ils le croient du moins, les derniers principes
sur lesquels s'appuie notre société chancelante. Hélas !
ils ne sont pas, comme Hercule, assez forts pour muse-
ler la bête.

Voulez-vous que nous vous citions quelques-uns de
ces gâteaux que l'on jette ainsi au chien des enfers.

Premier gâteau : Vous avez entendu pousser ce fameux
cri de guerre : Sus aux cléricaux ! sus à nos ennemis !
La plupart des républicains ont mordu à l'hameçon et

répété avec enthousiasme ces paroles à jamais mémorables que les chroniqueurs enregistreront un jour avec une douce gaieté. Voyons ! mes bons radicaux, que vous ont-ils fait ces infâmes cléricaux ? Ils ne vous aiment guère, c'est vrai, et ils sont dans leur rôle. Vous les tracassez depuis le matin jusqu'au soir, vous crochetez leurs portes, vous les traitez de misérables, quelques-uns même d'entre vous veulent absolument leur octroyer de force la couronne de martyr, à laquelle ils ne tiennent guère, et vous voulez qu'ils n'envoient pas au diable votre République et toutes les Républiques passées et futures ? Non, non, ce n'est pas ainsi qu'on se fait des partisans ; respectez les convictions de chacun, combattez-les si vous voulez, mais par le raisonnement et non par la force.

Deuxième gâteau jeté à la bête : La magistrature française est, sans contredit, l'un des corps les mieux organisés, le plus honnête, le plus estimable qu'il soit possible d'imaginer, l'Europe entière l'admire et nous l'envie. Naturellement les comités directeurs, les faiseurs d'élections et autres se sont dit qu'il y avait là encore une belle et bonne sottise à commettre, et ils ont demandé à grands cris la suppression de l'inamovibilité. Autrement dit, ils ont réclamé une magistrature vénale et placée tout entière entre les mains du gouvernement. Les ouvriers ont applaudi et fait chorus comme les moutons de Panurge, ne se doutant pas, les pauvres diables, que ce sont eux, qui les premiers, payeront les frais. En effet, ils ont en général peu d'influence et ne peuvent faire aucun cadeau, en pareille circonstance ils perdront infailliblement tous leurs procès (Brochure 1881, *De la Magistrature*).

Les ministres, pour la plupart, tiennent peu ou point à ces progrès à rebours, ils auraient une excellente occasion de faire une belle tirade et d'opposer une résistance acharnée. Ils s'en gardent bien. Pourquoi ? Parce que d'abord cela ne servirait à rien et parce qu'ensuite, pour employer une expression choisie, ils seraient blackboulés par le suffrage universel. Que font-ils pour rester plus longtemps en place ? Ils prennent l'initiative du mouvement, ils nomment des commissions composées des plus enragés réformistes. Celles-ci s'embrouillent, s'empêtrent à qui mieux mieux dans leurs projets fantastiques, et les gouvernants ont le temps de respirer.

Les deux derniers ministres de la justice, nous ne savons plus lesquels, il en passe tant, ne voulaient pas de la suppression de l'inamovibilité, cette suppression leur faisait peur et ils avaient raison. Cependant ils sentaient qu'il fallait absolument faire quelque chose contre la magistrature. Qu'ont-ils imaginé ? De proposer une loi qui leur permît de renvoyer dans leurs pénates 230 juges au choix du gouvernement. Il va sans dire que le renvoi devait tomber sur les plus indépendants. S'il y avait encore quelques récalcitrants, on se réservait le droit d'administrer à ces derniers, sous forme de pilules, un, deux, trois changements onéreux. Ainsi purgés, nos magistrats devaient devenir sages et dévoués au gouvernement. Ces moyens détournés pour arriver au but peuvent marcher de conserve avec le projet mis en avant par les opportunistes. L'inamovibilité est nécessaire, disaient ces derniers, nous le reconnaissons hautement, aussi nous ne voulons la supprimer que pour trois mois, juste le temps nécessaire pour nous débarrasser de tous ceux qui ne pensent pas comme nous. Cela fait, ajoutaient-ils naïvement, nous la rétablirons. Ingrats ! vous jetez la pierre à ce pauvre Basile, ah ! lui est tout prêt à vous ouvrir ses bras et à vous reconnaître pour ses meilleurs élèves.

Troisième gâteau: Dans tous les établissements hospitaliers, les malades sont soignés par les sœurs de la Charité. Ces pauvres filles puisent dans leurs convictions religieuses un dévouement sublime, rien ne les rebute, rien ne les fatigue ; nuit et jour elles sont au chevet des malheureux, veillant sur eux avec la plus tendre sollicitude, les encourageant à supporter avec résignation les plus cruelles souffrances. Mais, s'écrient les athées, les croyances qui leur inspirent cette conduite admirable sont fausses. Qu'en savez-vous d'abord ? et, d'ailleurs, fausses ou non, respectez-les puisqu'elles transforment de simples femmes en anges descendus des cieux. Elles ont des préférences, ajoutent-ils. Peut-être. Dans tous les cas soignent-elles avec le plus grand dévouement tous les malades athées ou non ? Oui, sans conteste. Que vous importe alors qu'elles montrent plus d'entrain pour ceux qui sont animés de sentiments religieux ? Ne sont-elles pas d'ailleurs sous la surveillance du médecin principal.

Tenez ! nous allons vous conter deux faits qui nous sont personnels. Comme tous les soldats, nous avons été à l'hôpital. C'était pendant la guerre de Crimée ; expédié avec d'autres camarades, nous avons été transporté à Constantinople. A peine débarqués, nous fûmes installés à l'ambassade russe. Ah ! cette fois, il aurait fallu être bien grincheux pour se plaindre du local. C'était l'ancien palais de ce brave prince Menschikoff qui, sous le titre d'ambassadeur et au nom du tzar Nicolas, tracassa si fort le pauvre sultan. Notre salle était splendide : colonnades, décors, plafond doré, historié, rien n'y manquait. Un balcon d'au moins 50 mètres de long s'étendait au-dessus du Bosphore. En entrant dans ces lieux, on se sentait presque guéri ; il y en a bien cependant quelques-uns qui y sont morts, mais ceux-là l'étaient très certainement déjà, ou peu s'en faut, au moment de l'arrivée.

Les sœurs de la Charité faisaient le service aidées par quelques infirmiers militaires. L'une d'elles nous avait pris en amitié, elle nous donnait, avec les remèdes, quelques friandises que nous acceptions sans remords. Hélas ! elle avait un but intéressé. Un beau jour, elle arrive avec une médaille de la Vierge qu'elle veut nous passer autour du cou. Refus obstiné de notre part, désespoir de la pauvre femme qui nous quitte désolée. La jeunesse est sans pitié, comme dit ce bon La Fontaine : il ne nous en coûtait, en effet, pourtant guère d'accepter le présent, c'était une manière comme une autre de remercier cette bonne sœur du dévouement qu'elle nous avait montré et des soins qu'elle n'a cessé malgré cela de nous prodiguer jour et nuit jusqu'à la fin. Somme toute, c'est une mauvaise action que nous avons commise et nous nous en repentons sincèrement.

Avant de partir pour la ville des sultans, nous étions, en Crimée, traité sous la tente dans une ambulance. Le local était modeste, et peu agréable. Nous nous trouvions sous la haute direction d'un docteur ; divisés par escouade de 4 ou 5, nous avions pour garde-malade un infirmier militaire. Celui qui nous était échu en partage, il nous semble encore le voir devant nous, était petit de taille, maigrelet, rouge de cheveux et de figure et comme tous les gens de cette couleur, à part les exceptions bien entendu, il avait tous les défauts possibles. Paresseux, menteur, gourmand; ce gredin, car il n'y a pas d'autre nom à lui donner, buvait le vin et mangeait les trois quarts des aliments destinés aux malades. Bien plus, quand le médecin commandait des potages ou autres mets qui ne convenaient pas à son estomac, il prenait sur lui de changer la note que lui remettait le trop confiant major. Exaspéré, nous fûmes un jour obligé de nous plaindre à ce dernier. Savez-vous ce que fit ce misérable rougeot qui n'en était certes pas à son coup d'essai ? Sans sourciller, car la plainte était portée devant lui, il prit à part le docteur, et lui fit entendre que nous avions eu un délire épouvantable pendant toute la nuit, délire qui avait été suivi ou accompagné d'un mauvais rêve. L'homme de l'art le crut et, avec cet air de condescendance que l'on prend généralement envers les malades et les enfants, il nous promit de surveiller. Quant au gredin en question, il continua sans vergogne, à notre nez et à notre barbe, son manège infernal; notre rage était devenue telle que nous avions projeté de le tuer.

Rassurez-vous, toutefois, l'assassinat ne fut pas commis, les forces nous manquaient. Enfin, pour en finir avec lui, ce scélérat fut pris sur le fait et renvoyé à la tranchée.

Vous avez déjà deviné pourquoi nous vous avons raconté ces deux histoires. Il s'agit de juger, de comparer.

D'un côté, vous avez une sœur persuadée que plus elle sera bonne, dévouée pour les malades, plus elle sera bénie par Dieu, plus sa part de paradis sera belle. D'un autre, vous avez une laïque qui ne se fait garde-malade que pour avoir une place et une place bien payée.

La première pourra avoir quelques préférences, préférences qui d'ailleurs ne peuvent causer grand dommage ; elle n'a qu'un but, gagner le ciel, et pour y arriver elle restera toujours consciencieuse, honnête, dévouée ; elle poussera ce dévouement dans les épidémies jusqu'à sacrifier sa vie elle-même. La seconde en admettant qu'elle n'ait aucune ressemblance avec le mécréant dont nous venons de parler, ne sera jamais qu'une garde-malade plus ou moins attentive comme toutes celles que nous connaissons. Ayant généralement mari et enfants, elle sera tentée à chaque instant de détourner, soit pour elle, soit pour eux, les objets, aliments et autres, confiés à ses soins. Au moment du danger, elle enverra promener place et hôpital, ma vie et ma famille avant tout, dira-t-elle. Enfin la sœur ne vous coûte presque rien, la garde-malade vous demandera relativement des sommes considérables.

Avoir la pensée seulement de tenter une pareille réforme, n'est-ce pas se moquer des contribuables, n'est-ce pas se jouer de la santé, du bien-être des pauvres malheureux. Folie ou idiotisme, telles sont les seules excuses que l'on puisse invoquer en faveur de ces élucubrations malsaines et ébouriffantes. Nous pourrions passer en revue bien d'autres projets présentés et appuyés par nos comités directeurs, nous vous en faisons grâce.

Tout ce que nous voulions prouver, c'est que nos gouvernants, grands et petits, que l'on accuse sans cesse, ne sont pas aussi coupables qu'on veut bien le dire. Fussent-ils, nous le répétons encore, de véritables grands hommes, ce qui n'est pas, ils ne feraient pas mieux. Comment voulez-vous qu'avec trois mois de durée en perspective, ils se donnent la peine d'étudier, de rêver progrès, améliorations ? Ils ne peuvent avoir qu'une seule préoccupation : assurer et défendre leur existence. Irez-vous demander à un pauvre homme, qui est obligé de prendre renseignements sur renseignements, de préparer discours sur discours, pour répondre à chaque instant à des interpellations toutes plus futiles les unes que les autres, irez-vous lui demander de vous faire de bonnes lois, de bonne politique, de bonnes finances. Eût-il tous les talents suffisants pour accomplir une pareille besogne, il ne le pourrait, le temps lui manquerait. Quand la fin de la journée arrive, il se met au lit, et dort s'il est possible, et, ma foi, il a raison. Ah ! il faut franchement avoir un bien grand amour des places et des honneurs pour accepter une position semblable. Être le très humble serviteur de messieurs les députés et servir de bouc émissaire n'ont rien de bien attrayant. Aujourd'hui on trouve encore des candidats, demain il n'y aura plus que ceux qui meurent de faim qui se mettront sur les rangs. Pauvre système parlementaire ! est-il tombé assez bas dans l'opinion publique ! C'est à qui lui jettera la pierre. Il a cependant du bon, mais que voulez-vous, nos honorables, depuis bientôt dix ans, ne se sont ingéniés qu'à en montrer les plus vilains côtés.

On bavarde, on dispute, on s'injurie, on piétine sur place, on remplace les idées par des paroles ; quant aux questions les plus sérieuses, elles sont tranchées en un clin d'œil ou sont laissées complètement de côté. Est-ce la faute des ministres ? Non, mille fois encore une fois. C'est la faute du suffrage universel. Qu'il nous envoie des législateurs capables, désintéressés, travailleurs, dévoués au pays, et tout changera de face.

L'orateur finissait et 8 heures sonnaient, Michel se transporta rue de Rivoli et se trouva en face de la maison habitée par le personnage qui l'avait si brusquement accosté dans la rue. C'était, ma foi, un hôtel de fort belle apparence : de nombreux valets à la livrée rouge, noire et or, allaient, venaient, comme dans toutes les bonnes maisons, sans faire le moindre bruit ; ils jetaient un regard curieux sur l'étranger tout en s'inclinant poliment devant lui. L'un d'eux, le majordome sans doute, après l'avoir fait passer à travers une foule d'appartements, l'introduisit dans un cabinet de travail, le maître du logis s'y trouvait et le reçut à bras ouverts.

— Eh, arrivez donc, cher ami, je vous attendais avec impatience, lui dit-il.

En même temps un négrillon, noir comme la suie, aux yeux d'escarboucles, apporta du café et des cigares.

— Goûtez de cet excellent moka, continua le personnage, on n'en sert pas de meilleur au ciel.

L'archange sourit.

— Riez, mais buvez et vous me direz ensuite votre avis. Tenez, voici des cigares et avec ces ingredients, tabac et café, une soirée passe vite et bien.

Michel se laissa faire. C'était la première fois peut-être que, de mémoire d'ange, on voyait un habitant des demeures célestes fumer et savourer la noire liqueur si appréciée des Orientaux. Bah ! après tout il avait raison. Quand on fait tant que de prendre une enveloppe charnelle, il faut aussi en adopter les habitudes, surtout quand elles ne sont pas mauvaises.

La conversation s'engagea. L'archange raconta tout ce qu'il avait vu et entendu et ajouta qu'étant absent depuis longtemps il serait curieux de connaître la cause ou plutôt les causes qui, après avoir enlevé le sens commun à presque tous ses concitoyens, en avaient fait pour la plupart des énergumènes et des maniaques.

— Des maniaques, vous êtes modeste, dites donc des fous furieux, des fous à lier

— Enfin ce phénomène ne s'est pas produit tout seul, il y a des raisons.

— Ah ! les raisons ne manquent pas, il y en a même trop.

— Quelles sont-elles ?

— Vous êtes donc un homme sérieux ?

— Sérieux, non ; curieux, oui.

— Savez-vous que votre demande me met dans une position fort délicate ?

— Comment !

— Dame, je suis fonctionnaire, presque ministre : s'il me faut dire du mal des gouvernants, c'est grave.

— Bah ! en supposant que vous soyez obligé d'en arriver là, vous ne ferez que suivre le courant général.

— Puisque vous le voulez, suivons donc ce courant, ou plutôt, faisons comme le vieux soldat dont vous m'avez parlé, remontons-le, ce sera plus juste. Il a fait peser sur le suffrage universel et non sur les ministres la responsabilité à peu près complète de toutes les sottises que l'on commet. Il a eu raison, il vous a montré les grands côtés de la question, je vais vous en montrer les petits et ces derniers ont quelquefois sur les esprits une influence plus considérable que les premiers.

Il a passé par la tête de je ne sais plus lequel de nos honorables de demander qu'il soit accordé à lui et à tous ses collègues la faculté de voyager sur tous les chemins de fer gratis *pro Deo* et pour la plus grande gloire de la République. Cette mesure fantastique a été acclamée avec enthousiasme par les intéressés. Le public impatienté a crié haro, j'allais dire sur le baudet, mais je suis trop respectueux pour employer une pareille expression. Toujours est-il que le prestige de la Chambre a été atteint. Croyez-vous que le suffrage fera justice de cette motion de mauvais goût ? Non, l'auteur sera renommé à l'unanimité.

— Vous préjugez l'avenir.

— Le passé répond de l'avenir. Et ces fameuses pensions que l'on a voulu absolument distribuer à ces pauvres victimes du 2 décembre, qui les a inventées encore ? Un de nos grands hommes. Il voulait jouer un mauvais tour aux impéralistes ! Hélas, c'est aux contribuables qu'il a joué ce mauvais tour. Ces derniers sont-ils créés et mis au monde pour payer les sottises des députés, des sénateurs, des conseillers municipaux et de tous les comités socialistes et autres. Les impôts croissent, embellissent, les centimes additionnels tombent dru et ferme en pluie, en grêle, en avalanches et les électeurs se contentent de crier. Pourquoi n'envoient-ils pas au diable tous ceux qui se passent ces fantaisies ébouriffantes.

Comment ! on donne des pensions de 1,200 fr. de rente à des gens qui, par cela seul qu'ils sont républicains, ont été nommés députés, sénateurs, trésoriers généraux, etc., etc. ; à des gens qui touchent des appointements de 15,000, de 20,000, de 80,000 fr. Puis l'on vient nous dire qu'ils n'acceptent ces fonctions qu'à titre honorifique. Ah ! la bonne histoire ! Qu'ils se contentent alors d'une médaille en cuivre, en bronze, en carton, qu'ils l'attachent à leur boutonnière, qu'ils la montrent à tous les badauds de France et de Navarre, qu'ils rendent l'argent, et tout le monde sera content. Supposez que l'on change 7 à 8 fois de gouvernement et que chacun d'eux applique le même système, où irons-nous, grand Dieu. Quel bel avenir pour les contribuables ! Ce langage vous étonne ?

— Dame, n'êtes-vous pas presque ministre ?

— Et c'est précisément pour cela que je parle ainsi.

Croyez-vous que si nous, gouvernants, nous trouvions un point d'appui quelconque, nous permettrions ces sottises-là !

— Et l'opinion publique !

— L'opinion publique ! elle est avec tous ceux qui la font parler. Quand on a un projet contraire à la raison à placer, c'est toujours en son nom qu'on le présente. Ah ! si elle se traduisait par un bel et bon vote qui fasse rentrer sous terre les auteurs de ces stupidités, à la bonne heure ! Quelques journaux crient, c'est vrai, mais ce ne sont que des mots, des paroles, le moindre grain de mil ferait bien mieux notre affaire.

— Voyons ! cependant, la forme du gouvernement n'est-elle pour rien dans cet affreux gâchis ?

— Ah ! nous y voilà. La République est la seule, la vraie coupable.

— Ma foi, on le crie par-dessus les toits.

Eh ! — laissez crier et n'en croyez rien. La République est un gouvernement comme un autre. Elle n'a qu'un tort.

— Lequel ?

— D'être obligée de marcher avec le plus mauvais des compagnons de route.

— Le suffrage universel, sans doute.

— Oui, ainsi nommé parce qu'il n'est que l'expression d'un millier de brouillons, d'énergumènes, de déclassés de bas étage.

— Débarrassez-vous de tous ces gaillards-là.

— Hélas ! c'est là la grande difficulté.

— Reconnaissez alors que votre gouvernement est sinon impossible, du moins fatal au pays. Faible, tyrannique, sans aucun esprit de suite, il ne peut que conduire la France aux abîmes. Est-ce avec lui que vous reprendrez l'Alsace et la Lorraine ?

— Oh ! je vois bien où vous voulez en arriver, à la monarchie, à l'empire.

— Parfaitement : car avec eux vous pourrez réunir en un seul faisceau toutes les forces vives de la nation, et les jeter au moment donné sur les champs de bataille.

— Il n'y a qu'une petite difficulté à tout cela.

— Et cette difficulté, c'est.... ?

— C'est que la monarchie et l'empire sont complètement impossibles, pour le moment du moins.

— Parce que vous avez mis hors la loi les princes !

— Eh non, cette mise hors la loi est une maladresse,

une absurdité doublée d'une injustice, un malheur pour la République. On nous accuse, on a tort ; qu'on s'en prenne à ces cinq ou six vieilles barbes républicaines dont le cerveau détraqué enfante à chaque instant des projets capables de brouiller à tout jamais les grands corps de l'État et de nous faire des ennemis acharnés de tous les hommes libéraux et de bonne foi. Ces gens-là tuent un parti. Mieux vaudrait cent fois pour nous des adversaires déclarés que ces amis maladroits. Ce sont les ours de La Fontaine. Tenez, je vais vous résumer en deux mots cette sotte affaire. Le prince Jérôme se passe la fantaisie de faire un manifeste, il le publie et l'affiche, les Parisiens le lisent avec la plus complète indifférence, la plupart des journaux impérialistes déclarent, sans y être priés, que c'est une maladresse.

Tout à coup on apprend que, grâce à nos oies du Capitole, ce prince est arrêté et renfermé à la Conciergerie. Les choses changent immédiatement de face. Tous les partisans de l'Empire, divisés entre eux jusque-là, se groupent autour de la victime.

La mise en accusation est répoussée par les tribunaux, le prince sort de prison et passe en triomphe devant les oies en question. Celles-ci, plus ébouriffées que jamais, battent des ailes de plus en plus fort et exigent la proscription non plus d'un prince, mais de tous les princes en général.

Le public demande quel est leur crime. Le ministre est obligé de répondre qu'il n'y a aucun complot, mais que les princes, tout en ayant servi loyalement et courageusement la France, ont le grand tort de *se taire, d'espérer et d'attendre.* Devant des explications aussi satisfaisantes, le Sénat se fâche, déclare que nos oies ont un fort mauvais caractère et qu'il ne veut pas, pour les satisfaire, proscrire des innocents sous le frivole prétexte qu'ils se sont toujours bien conduits et qu'au lieu de vivre de leurs rentes ils aiment mieux servir la patrie et verser au besoin leur sang sur les champs de bataille. Après les princes on nous demandera, ajoute-t-il, de proscrire les banquiers, les journalistes, les gros propriétaires, etc., nous aimons mieux nous arrêter tout de suite dans cette mauvaise voie qui conduit tout droit à la guerre civile. Eh bien ! ma foi, le Sénat a raison et mille fois raison, tant pis pour les vieux de la Montagne. La haute assemblée a fait preuve d'impartialité et de grande intelligence politique. Je vais vous le prouver après vous avoir démontré, et cela de la façon la plus nette et la plus claire, que la monarchie et l'empire, comme je vous l'ai dit plus haut, sont actuellement impossibles.

La monarchie se compose, vous le savez comme moi, de deux partis : les légitimistes et les orléanistes. Ces derniers, par l'organe du comte de Paris, se sont inclinés devant le comte de Chambord, lui seul se trouve en avant avec sa bannière blanche fleurdelysée. Réfléchissez et dites-moi si ce prince a la moindre chance de monter sur le trône de ses ancêtres. Le comte de Chambord est, sans contredit, un homme honnête et loyal entre tous, mais ce n'est pas un homme politique, ses idées le ramènent un peu trop vers le passé, il pousse, si l'on peut s'exprimer ainsi, l'honnêteté jusqu'à la maladresse. Avec une opiniâtreté incompréhensible, il s'attache à sa bannière, et envers et contre tous il a voulu et il veut encore l'imposer au pays. Un prince ne doit-il pas sacrifier ses préférences à la nation ? Quelle importance d'ailleurs peut avoir pour lui ce drapeau qui n'a même pas toujours été celui de sa famille ? Un homme d'État doit avoir des vues plus larges.

Au premier abord cette question de bannière est futile et cependant, pour ceux qui réfléchissent, elle a un caractère de gravité exceptionnel, elle fait craindre, à tort peut-être, des tendances rétrogrades que rien ne saurait faire accepter. Quoi qu'il en soit, malgré les sympathies personnelles que l'on peut avoir pour l'homme, le prince en tant que prétendant jouit, dans presque toute la France, d'une impopularité immense. Ses partisans, avec un dévouement et une abnégation chevaleresque que l'on ne saurait trop admirer, essayent vainement de raviver chez les Français l'ancienne affection qu'ils avaient pour leurs rois. Leurs banquets, leurs cris enthousiastes, ne réveilleront pas la monarchie de droit divin. Elle est morte et bien morte. Si, par miracle, elle renaissait de ses cendres, ce ne serait que pour un instant, elle ne ferait que passer. La royauté constitutionnelle est seule possible.

Passons maintenant à l'empire. Raisonnons en ne tenant pas compte de l'arrestation du prince Napoléon, arrestation dont les conséquences ne sont pas encore bien évidentes. Nous nous trouvons encore en présence de discussions intestines. Chose incompréhensible, c'est le père et le fils que l'on oppose l'un à l'autre et cela sans même avoir leur consentement. Le prince Napoléon, avant la mort du prince impérial, était peu populaire ; depuis cet événement qui lui a donné le premier rang, cette impopularité est devenue plus grande encore. Une partie des amis de l'Empire s'est séparée ouvertement de lui et a pris pour chef son fils le prince Victor. Le père, renié par la moitié des impérialistes, est donc impuissant ; le fils, trop jeune, trop inexpérimenté pour inspirer la confiance nécessaire, doit apprendre à se gouverner avant de gouverner les autres. D'ailleurs eût-il toutes les qualités requises, il ne pourrait pas, il ne voudrait pas, par respect, par amour filial, arracher au chef de sa famille le commandement suprême. Ces appréciations vraies il y a deux mois ont-elles été profondément modifiées par l'arrestation du prince Jérôme ? Nous ne le pensons pas.

En résumé, l'empire pas plus que la royauté ne saurait actuellement attaquer la République avec quelques chances de succès.

Allons plus loin : supposons, ce qui peut d'ailleurs arriver d'un instant à l'autre, que le prince Victor et le comte de Paris soient les chefs reconnus et incontestés de leurs amis respectifs, chacun d'eux cependant ne serait pas assez fort pour vaincre la République et le parti opposé, qui, en cas d'attaque, se donneraient très vraisemblablement la main.

Que faut-il conclure ? c'est que ces deux maisons rivales qui ont donné des souverains à la France, sont très certainement, malgré elles bien entendu, les plus fermes soutiens de la République. Elles neutralisent, au grand profit de cette dernière, des forces susceptibles de renverser le gouvernement actuel.

En pareille circonstance, que devraient donc faire des républicains prudents et avisés ? Ils devraient, au lieu de persécuter les princes, veiller sur eux avec le plus grand soin, les entourer d'attentions, les combler d'honneurs, les traiter en un mot comme leurs plus grands amis et tâcher, s'il est possible, d'en augmenter le nombre. Cette politique est claire, évidente pour tout homme qui se donne la peine de réfléchir. Le Sénat l'a parfaitement comprise ; quant à la Chambre des députés, affolée par les cris désespérés de nos vieilles barbes, elle ne l'a pas même entrevue et est partie en guerre. Pour la seconde fois on va mettre de côté le vote d'un des grands corps de l'État. C'est grave, peu parlementaire, et, de plus, maladroit. Il est quelquefois bon d'être autoritaire, mais à la condition d'avoir le droit pour soi. On admet en France assez volontiers non l'arbitraire, non des droits supérieurs, mais l'autorité si l'on sent par derrière le génie ou du moins le talent.

— Ainsi donc, d'après vous, puisque la monarchie et l'empire sont impossibles, nous sommes condamnés à la République perpétuelle.

— Perpétuelle ! non. Tout ici-bas a une fin. Bah ! après tout la France ne serait pas trop à plaindre si cette République était sage, économe, intelligente, libérale, au lieu d'être folle, dépensière, absurde, tyrannique.

— Le sera-t-elle jamais ?

— Pour vous répondre, il me faudrait savoir si les honnêtes gens de tous les partis se laisseront manger par les imbéciles et les gredins. Manqueront-ils d'énergie ? Telle est la question.

Que les conservateurs de toutes les nuances, républicains modérés y compris, s'unissent et la France est sauvée.

— Sans doute, mais pour cela il faut un miracle.

— Oui, et ajoutez même que le suffrage universel n'a pas été créé et mis au monde pour le faciliter.

— Il peut tout sauver, comme il peut tout perdre.

— Oh ! le diable, dit en riant l'homme d'État, s'est arrangé de manière à ce que la seconde alternative soit seule possible.

Avec cette machine de guerre d'un nouveau genre, tous les imbéciles et les coquins, qui sont certainement les plus nombreux, n'ont qu'à déposer un petit bout de papier dans une urne cadenassée et, d'après la loi, ils sont maîtres et souverains. Ce n'est pas plus malin que cela.

— Supprimez alors ou modifiez cette machine infernale.

— Toucher au palladium, à l'arche sainte, ce serait un crime, un sacrilège. Tenez ! voulez-vous que nous étudiions ensemble ce bon suffrage qui fait pâmer d'aise tous nos soi-disant libéraux, depuis l'intransigeant le plus échevelé jusqu'au centre-gaucher le plus modéré ? Oui, n'est-ce pas ? Eh bien ! nous allons faire cette étude sans aucun parti pris.

Envisagé sous un point de vue général, il en est de lui comme du droit au travail, il semble au premier abord juste et rationnel. Voici quels sont ses avantages :

1° Il permet à tous les citoyens, depuis le premier jusqu'au dernier, de participer au gouvernement du pays. Rien de plus logique en effet ; chacun paie l'impôt de l'argent et l'impôt du sang, tous sont à la peine et au péril, tous aussi, suivant l'expression de Jeanne d'Arc, doivent être au profit et à l'honneur.

2º Tous les citoyens peuvent, par leur vote et leur influence personnelle, modifier l'état de choses existant et même le renverser ; l'émeute n'a plus le moindre prétexte, c'est un crime de lèse-nation. Autrement dit le suffrage universel doit faire disparaître à jamais les révoltes et contre les institutions et contre l'autorité.

Telles sont les raisons d'être du suffrage dont nous parlons et que nous avons tenu à présenter dans toute leur force, comme on doit toujours le faire quand on recherche la vérité avec la plus grande bonne foi.

Ces raisons, ces avantages sont évidents, incontestables, il était donc de toute nécessité de faire l'essai loyal d'un système qui se présentait dans de telles conditions, et sans rien préjuger de ce qui pouvait arriver pendant les premières années, de faire durer cet essai assez longtemps pour que les résultats obtenus ne puissent être attribués soit au hasard, soit à des circonstances particulières. Si les résultats étaient mauvais, il fallait aviser et ne se décider à modifier ou à supprimer qu'autant qu'il serait bien démontré que l'existence du suffrage universel était incompatible avec celle de la France (*Loi électorale,* brochure, 1874). Cette restriction est toute naturelle, car, à moins d'être fou ou collectiviste, on ne peut s'écrier : Périsse la France plutôt qu'un principe dont elle s'est passée sans trop d'inconvénient pendant plus de 1,400 ou 1,500 ans !

Or, sans remonter plus haut que 1870, voilà treize ans que les citoyens votent et revotent sans cesse et sans contrainte. Le meilleur moyen de juger une loi c'est de constater les résultats produits et d'en déduire les conséquences qui en découlent. Ces résultats ont déjà été indiqués, il suffit de les résumer :

1° Les Chambres sont composées en grande partie non pas de sous-vétérinaires, comme on l'a dit fort irrespectueusement, mais de gens brouillons et incapables. Elles s'occupent peu ou point d'affaires sérieuses, elles perdent leur temps en discussions vaines, stériles, elles ne produisent rien et renversent ministères sur ministères.

2° Par suite des épurations successives, la désorganisation est à peu près complète dans toutes les administrations.

3° Les ministres, dont quelques-uns laissent beaucoup à désirer sous bien des rapports, ne vivent en moyenne que trois mois. Cette existence éphémère les met dans l'impossibilité d'étudier les affaires et de les diriger. De même les préfets, les sous-préfets, etc., ne font que passer et par suite ils ne peuvent connaître ni les employés, ni les hommes, ni les intérêts de leurs départements.

4° La liberté religieuse, si elle n'a pas été violée ouvertement, a été du moins fort compromise.

5° Le grêves sont continuelles, la guerre est prêchée ouvertement contre les patrons, le clergé, les bourgeois, en un mot contre tous ceux qui possèdent.

6° Ces menaces ont été mises à exécution à Montceau-les-Mines, il a fallu 2,000 hommes pour empêcher les malfaiteurs d'aller plus loin.

Ces résultats, que nous avons plutôt atténués qu'exagérés, sont, il faut l'avouer, peu satisfaisants. Ils conduisent naturellement l'observateur, le philosophe, à se demander si les raisons qui ont fait adopter le suffrage universel sont réellement aussi bonnes, aussi irréfutables qu'elles le paraissent au premier abord. C'est ce que nous allons examiner.

Par cela seul que tous les citoyens participent aux dépenses de l'État et à la défense de la patrie, s'ensuit-il qu'il est juste et rationnel de les faire participer aussi au gouvernement du pays ? Non, c'est seulement un idéal dont il faut se rapprocher autant que possible, car dans une société, l'intérêt général doit toujours primer l'intérêt particulier, surtout quand des exceptions sont faites pour le plus grand profit de ceux mêmes qui font partie de ces exceptions. Ce n'est point un paradoxe, mais une belle et bonne vérité, nous allons le prouver :

Tout le monde peut-il être ministre, préfet, sous-préfet, maire, etc., etc. ? Non, on doit exiger du candidat des connaissances administratives, du tact, de l'habileté. Considère-t-on tous les citoyens comme aptes à devenir jurés ? Non encore, on les choisit avec le plus grand soin. Pourquoi agit-on ainsi ? On agit ainsi uniquement dans l'intérêt de ceux qui sont appelés à être administrés, à être jugés. Pourquoi dès lors ne prendrait-on pas les mêmes précautions pour les électeurs, leur rôle étant de beaucoup plus important que celui des jurés ? Le juré juge les criminels, l'électeur nomme les gouvernants, c'est-à-dire ceux qui font les lois et qui gèrent les affaires du pays.

Voulez-vous que je pose la question autrement et d'une façon encore plus saisissante ? Est-il juste que cet ivrogne, qui passe en titubant et qui vendrait son pays pour un verre de vin, pèse dans le scrutin de liste ou d'arrondissement autant que vous qui êtes intelligent et

qui ne vous enivrez jamais ? Faites mieux encore, prenez
cent personnes au hasard, combien parmi elles en trou-
verez-vous possédant le sens commun et sachant raison-
ner ? Dix tout au plus. Les autres sont incapables et
sans jugement. Toutes sont électeurs au même titre cependant. Donc l'intelligence sera écrasée par le nombre
et la bêtise. Donc encore le principe du suffrage universel
appliqué rigoureusement est d'une absurdité révoltante.
D'après lui, en effet, s'il existe dans une famille six
idiots et deux hommes d'élite, c'est aux six idiots qu'il
faut confier et la direction et l'administration de cette
famille.

En un mot, pour tous ceux qui se donnent la peine de
penser, la loi du suffrage universel doit être modifiée.

Nous donne-t-elle au moins les avantages que l'on
nous avait promis ? Sous un pareil régime, nous avait-
on dit, il n'y aura plus d'émeutes. Eh bien, ouvrez l'histoire de ces dernières années, sans parler de l'épouvantable insurrection de juin 1848, nous y trouvons inscrits
en lettres de sang l'exécrable attentat de la Commune et
aujourd'hui même les troubles de Montceau-les-Mines.
Ces troubles ne ressemblent en rien à une grève, mais à
une belle et bonne émeute. La dynamite a commencé son
œuvre et nos nouveaux nihilistes menacent de faire sau-
ter croix, curés, religieux, religieuses, patrons, bourgeois, juges, jurés, et jusqu'aux travailleurs qui ne pensent pas comme eux.

Le suffrage va même jusqu'à rendre impossible tout
gouvernement et la République elle-même. En pronon-
çant ces paroles, je n'exagère rien, toutes les institutions,
tous les principes sur lesquels repose la société sont

attaqués, vilipendés les uns après les autres, tout vacille autour de nous et menace de crouler. De plus, il est évident pour nous tous et pour les étrangers eux-mêmes que nous ne pouvons plus avoir ni politique intérieure ni politique extérieure ; les alliances deviennent impossibles, on ne peut plus compter sur la France. Nous n'osons même pas nous servir de nos soldats. Dernièrement par exemple, M. de Freycinet était ministre et président du conseil ; interrogé sur les affaires d'Égypte, il en vint à dire que si certaines circonstances exceptionnelles se produisaient nous serions peut-être obligés de nous ranger à côté des Anglais. Ces paroles n'étaient pas bien belliqueuses, eh bien cependant il avait été trop loin, il avait prononcé une de ces bravades imprudentes qui font chanceler les empires. Cette politique de non-intervention quand même, exposée publiquement, est une niaiserie. Recueillons-nous, ne nous lançons pas dans les aventures, attendons le moment favorable, rien de mieux ; mais n'obligeons pas un ministre à venir dire en pleine tribune que rien ne nous fera intervenir. Ces choses-là on les garde pour soi et on n'en prend pas pour confidents les ambassadeurs étrangers.

Pourquoi nos députés ont-ils interpellé et ont-ils mis un ministre dans une fausse position ? Tout simplement parce qu'ils croyaient la majorité de leurs électeurs contraire à toute intervention et qu'ils voulaient, dans l'intérêt de leur réélection, dégager leur responsabilité. Ainsi donc dans toutes les fautes, dans toutes les sottises, dans toutes les faiblesses commises, on retrouve pour cause déterminante le suffrage universel. Il arrête tout, se glisse partout, brise tous les ressorts de nos admi-

nistrations, corrompt les hommes et les choses. Donc
sous peine de tomber dans l'anarchie, l'hébétement, la
folie, il faut qu'il soit modifié. Il ne saurait y avoir nul
doute à cet égard. Si on hésite, si on attend, les intransigeants, les socialistes, les collectivistes ne tarderont pas à
tout envahir, et ceux-là, vous le savez comme moi, sup-
primeront non seulement le suffrage universel, mais toute
liberté ; ils remplaceront comme ils le déclarent eux-
mêmes le vote par le coup de fusil et les bombes de dynamite, ils ôteront à leurs adversaires s'ils le peuvent
jusqu'à l'air qu'ils respirent.

Avant de terminer, allons au-devant d'une objec-
tion qui se présente naturellement. Sous le second empire, nous dira-t-on, ce suffrage universel que vous voulez modifier a cependant fonctionné sans le moindre inconvénient. Oui, je le reconnais très volontiers. Mais
alors le gouvernement était parfaitement constitué, il
s'appuyait sur des fonctionnaires habiles, énergiques,
connaissant bien les hommes et les choses et qui d'ailleurs trouvaient aide et appui auprès des ministres et du
chef de l'État. Le Sénat formé de toutes les illustrations
de la France n'avait rien à démêler avec les électeurs,
par suite il servait de contre-poids réel à la Chambre des
députés. Enfin les candidatures officielles étaient prati-
quées comme de nos jours, avec cette différence toutefois qu'au lieu d'être désavouées par les ministres et ap-
puyées par les fonctionnaires, elles étaient loyalement
mises en avant et patronnées de même. Tout le monde
savait ainsi ce qu'il avait à faire. Rien d'ailleurs de plus
logique : un gouvernement quelconque a le droit et le
devoir de se défendre devant les électeurs et de leur

présenter des candidats de son choix. Sous peine de déchéance il doit user des moyens qui ont été mis à sa disposition pour appuyer ces candidats, sans toutefois dépasser certaines limites, limites indiquées dans une brochure (*Loi électorale,* 1874) et sur lesquelles il serait trop long de revenir ici.

De cette manière de faire il résultait que l'impulsion venait des milieux éclairés et non des bas-fonds de la société. Le gouvernement n'avait pas toujours l'avantage dans les luttes électorales, et c'était un bien, car l'opposition est toujours nécessaire dans tout régime libéral et parlementaire ; il était toutefois assez fort pour opposer une digue aux passions haineuses et malsaines des énergumènes et des anarchistes.

Que faut-il conclure ? C'est que sous un gouvernement héréditaire, monarchie ou empire, le suffrage universel tel qu'il est pratiqué actuellement peut être maintenu sans grand inconvénient. La République, elle, n'a pas les mêmes moyens de défense. Sous peine en effet de n'avoir aucune raison d'être, elle doit accorder une liberté plus grande à chaque citoyen et malgré cela cependant maintenir énergiquement et l'ordre matériel et l'ordre moral.

La tâche est ardue, est-elle impossible ? Je ne le crois pas ; s'il en était autrement il faudrait désespérer, car la République, je vous l'ai démontré, est seule possible actuellement. Donc avec son maintien s'impose la modification du suffrage universel.

Quelle doit être cette modification ?

Faire disparaître des listes électorales tous les ivrognes, tous les souteneurs de filles, etc., etc., en un mot tous les gens sans aveu qui n'ont et qui ne peuvent avoir aucun intérêt à la marche régulière des affaires, à la prospérité du pays. Quels moyens faut-il employer ? Ah ! là, je l'avoue franchement et avec la plus entière bonne foi, l'hésitation est naturelle, nous passons en effet de la théorie à la pratique et la pratique offre toujours les plus grandes difficultés.

Pour tout homme libéral, la fortune plus ou moins grande des citoyens ne doit jouer aucun rôle dans cette modification, car de ce qu'un homme est plus riche qu'un autre il ne s'ensuit pas qu'il soit plus honnête, plus intelligent.

Comment faire cependant pour distinguer ceux qu'il faut admettre sur la liste électorale, et ceux qu'il faut en écarter ? Quels que soient les commissions, les juges nommés pour arrêter la liste en question, dès l'instant que le choix se fera par simple appréciation, il peut y avoir injustice et l'on peut même ajouter qu'il y aura toujours de l'arbitraire.

Le seul moyen pratique selon moi est de revenir courageusement et carrément au suffrage restreint, non pas tel qu'il était anciennement, mais tel qu'il puisse faire disparaître à coup sûr comme électeurs tous les gens sans aveu. Il suffira pour cela d'exiger d'un citoyen quelconque le payement d'un impôt très faible, impôt dont la quotité ne peut être déterminée que par tâtonnements et par la pratique. Quant aux ivrognes de profession, il sera toujours facile dans les villes et les villages de les connaître et de les éliminer après une ou deux condamnations. Cette manière d'opérer sera peut-être d'ailleurs un moyen efficace de rendre plus rare l'ivrognerie, ce vice épouvantable qui jette dans la misère un si grand nombre de familles.

Cela fait tout sera-t-il pour le mieux dans le meilleur des mondes possible ? Hélas ! non, il y aura toujours des gens parfaitement honorab'es qui seront atteints par la nouvelle loi. Ils seront cependant en petit nombre, et pour peu qu'ils y mettent de la bonne volonté, ils reconnaîtront aisément qu'il faut s'incliner devant l'intérêt du pays, que le législateur ne peut entrer dans tous les détails, détails qui rendraient la loi peu claire et difficile à appliquer. Avec de l'intelligence et de la philosophie, ils se diront que déposer un vote dans une urne cadenassée n'est pas précisément le suprême bonheur. Ils tâcheront d'ailleurs de sortir au plus vite de la position qui leur est faite, rien ne leur sera plus facile.

Et comme l'homme d'État s'arrêtait :

— Savez-vous, dit l'archange qui avait écouté avec la plus grande attention, que la situation que vous venez de m'exposer est loin d'être rassurante pour l'avenir de la France ?

— Peut-être, dans tous les cas elle est exacte. Tenez, voici le ministre lui-même qui va confirmer mes paroles.

En ce moment en effet un homme de haute taille, à la démarche à la fois altière et majestueuse entrait et se plaçait en face de Michel.

— Lucifer ! dit l'archange.

— Tu me reconnais.

— Oui, comme j'ai reconnu Astaniel ton ami

— Sais-tu pourquoi je te l'ai envoyé ?

— Non.

— Pour t'exposer de la façon la plus vraie et la plus nette la situation de ton pays d'affection.

— Et tu as agi ainsi.....

— Pour te payer les bonnes paroles qui en ma faveur sont tombées de tes lèvres devant le Tout-Puissant. Je ne veux rien devoir à personne.

— L'orgueil, hélas ! sera donc toujours le mobile de tes actions.

— Peut-être ; mais braver l'Éternel n'est pas donné à tout le monde.

— Malheureux !

— Laissons cela. Écoute. Je résume ce qu'on vient de te dire. A moins de faire disparaître tous les princes de la famille de Bourbon, ou tous les princes de la famille Bonaparte, la monarchie et l'empire sont impossibles. Or ces deux maisons rivales ont des rejetons nombreux, l'existence de l'une et de l'autre est donc assurée. D'un autre côté, il n'existe aucun homme, aucun général assez populaire, assez haut placé pour saisir le pouvoir suprême. La République s'impose donc forcément. Avec le suffrage universel tel qu'il est pratiqué, elle va droit à l'anarchie, à la folie. Personne encore n'est assez fort pour modifier cette loi électorale qui, combinée avec le système parlementaire, conduit une nation à l'hébétement, à la ruine, à la décomposition de toutes ses forces vives. La France est condamnée, elle mourra. J'ai tout fait pour amener ce résultat, les circonstances, la sottise humaine surtout ont été mes meilleurs auxiliaires. Ma victoire est assurée. Je suis écœuré moi-même de la niaiserie et de la nullité de tous ces gens qui ont sans cesse le mot de liberté à la bouche et qui ne songent qu'à opprimer, il me faut changer d'air. Je pars, et je vais dans d'autres planètes chercher des êtres plus intel_ligents, et des succès plus difficiles. Adieu ! je te laisse au milieu de ces stupides indigènes qui n'ont même pas comme la brute l'instinct de la conservation. Il dit, salue Michel d'un air railleur, puis ouvrant ses sombres ailes et suivi des anges rebelles, il s'élance dans l'espace. Les nuages s'écartent en frémissant pour laisser passage à la terrible phalange qui, comme l'ouragan, glisse rapide, menaçante sur les routes étoilées de l'immensité. L'archange après avoir suivi d'un œil attristé ses anciens compagnons remonte tout pensif vers l'Éternel.

Châteauroux, 20 février 1883.

Châteauroux. — Typographie et Stéréotypie A. Majesté